Kinder Gottes, so darf man nicht gegen die Erde ankämpfen. Sie wird Rache nehmen für ihre Wunden, und sie wird Siegerin bleiben!

Maxim Gorkij

Christoph-Maria Liegener

Machtlos gegen den Klimawandel

© 2019 Christoph-Maria Liegener
Herstellung und Verlag: BoD – Books on Demand,
Norderstedt

ISBN: 9783749434978

Inhalt

Vorwort

Das Werk fügt sich ein in eine Reihe früherer Werke, die sich mit der Transgenderisierung der kollektiven Psyche der Menschheit beschäftigt haben.

Vieles aus den früheren Büchern habe ich hier nochmals erwähnt, damit man dieses Buch auch lesen kann, ohne die früheren zu kennen. Wer sie indes kennt, wird feststellen, dass sich einige Gedanken weiterentwickelt haben.

Dieses Buch beschäftigt sich mit einem aktuellen Problem: dem Klimawandel. Kann die Menschheit ihn noch verhindern oder wird sie daran zugrundegehen? Es wird sich zeigen, dass die Antwort kollektivpsychologisch beantwortet werden kann und mit dem Phänomen der Transgenderisierung der Menschheit zu tun hat.

Dr. Dr. Christoph-Maria Liegener

Einleitung

Wir werden den Kampf gegen den Klima-wandel verlieren. Man muss kein Prophet sein, um das zu sehen. Es ist fünf nach zwölf und nichts wird getan. Woran liegt das? Warum kann sich die Menschheit nicht zum Handeln aufraffen? Dieses Buch gibt Antworten.

Jüngere Forschungen haben gezeigt, dass gegenwärtig ein Wandel der kollektiven Psyche der Menschheit stattfindet, der sich über Jahrhunderte erstreckt und bislang von den Individuen unbemerkt blieb. Es handelt sich um eine Transgenderisierung vom Schema eines Muttersohnes zu dem einer Muttertochter (Liegener, 2017a, b, c). Dieser Wandel entstand aus einer unbewussten Existenzkrise der Menschheit. Das Zustandekommen und die Folgen dieses Wandels sollen im Folgenden noch einmal überdacht werden, um dann auf eine weitere aktuelle Folge einzugehen: die Machtlosigkeit der Menschheit gegenüber dem Klimawandel.

Offenbar sind die Gefahren allgemein be-kannt und dennoch kann die Weltgemeinschaft

nicht in die Gänge kommen, wirksam gegenzusteuern. Das Kollektiv der Menschheit scheint
zu versagen. Bemerkenswert ist dabei, dass das
Kollektiv durch Synergetik holistische Eigenschaften aufweist, die die in ihm organisierten
Individuen manchmal nicht verstehen können.
So ist es auch in diesem Fall: Trotz der Unfähigkeit zu handeln kann die Menschheit überleben.

Die Menschheit als Kollektiv

Parallelität zum Individuum

Wenn man die Menschheit als Kollektiv betrachtet, kann man ihre Entwicklung in Parallelität zur Entwicklung eines Individuums setzen und psychologisch analysieren.

Ist es überhaupt erlaubt, die Menschheit psychologisch zu charakterisieren? Um das zu tun, müsste man dem Kollektiv der Menschheit eine Psyche zuschreiben und diese untersuchen. Das kann man machen und es ist in der Tat nicht neu. C. G. Jung hatte genau dies getan und den Begriff des kollektiven Unterbewussten geprägt (Jung, 2011), der auf der Annahme beruhte, dass menschliche Kollektive ähnliche psychische Eigenschaften wie die in ihnen organisierten Individuen aufweisen können. In einem weiteren Schritt kann man die Entwicklung der Menschheit mit der psychischen Entwicklung eines Individuums vergleichen und bei jedem Schritt jener Entwicklung die dem Kollektiv zugeordnete Psyche betrachten. Die verschiedenen Entwicklungsphasen sind weitgehend bekannt.

Die Geburt der Menschheit kann mit der Entwicklung des Bewusstseins identifiziert werden. In dem Augenblick, da sich das Bewusstsein in den Individuen entwickelte und die Individuen eine Gruppe formten, entstand erstmals eine kollektive Psyche.

Die Frühzeit der Menschheit begann mit der Säuglingsphase dieser Wesenheit. Ein Säugling ist auf Gedeih und Verderb seiner Mutter ausgeliefert. Die Menschheit war in dieser Phase vollständig von der Natur abhängig. Die Natur hatte die Mutterrolle übernommen. Sie war die Urmutter oder „Große Mutter". Die Früchte der Natur ernährten die Menschen wie die Muttermilch, während die Höhle ihnen Schutz bot wie der Mutterschoß. Die Abhängigkeit der Menschheit von der Natur kann als ausschlaggebend in dieser Phase angesehen werden. Die totale Abhängigkeit geht mit einem notwendigen Vertrauen in die als Mutter angesehene Natur einher. Urvertrauen und Naturverbundenheit können als weibliche Züge angesehen werden, die starke Mutterbindung spricht für eine Muttertochterprägung der Menschheit.

In einem nächsten Schritt der Entwicklung der Menschheit folgte die Kleinkindphase. In dieser Phase wird beim Individuum die Sprache ausgebildet. Auch das Kollektiv der Menschheit entwickelte in dieser Zeit die ersten Sprachen. Oft werden Mädchen bessere sprachliche Fähigkeiten zugeschrieben als Jungen (Hoff-Ginsberg, 2000). War die Menschheit auch zu dieser Zeit weiblich? Um das zu klären, bedarf es weiterer Indizien.

Im der chinesischen Philosophie vom Yin und Yang stellt Yin das Weibliche, Dunkle, Gefühlsmäßige, Unbewusste, Intuitive dar, Yang das Männliche, Helle, Intellektuelle, Bewusste, Planvolle. In der Kleinkindphase handelte die Menschheit noch intuitiv, passiv. Sie reagierte im Wesentlichen auf die Natur. Das spricht wiederum für eine weibliche Prägung.

Von Anfang an bis zu ihrer vorpubertären Phase in der Altsteinzeit kann der Zustand der Menschheit als anarchisch charakterisiert werden. Es hatten sich noch keine hierarchischen Strukturen als Organisationsformen herausgebildet. Zwar wird es Kleinsthierarchien gegeben haben, aber keine übergreifenden Hierarchien, die das System steuerten. Hier zeichnet sich etwas ab, was für die Gegenwart bedeutsam ist: Ein Zusammenleben der Menschheit ohne übergreifende Hierarchien ist möglich. Interessant und überraschend in diesem Zusammenhang ist, dass es ohne zu mächtig gewordene hierarchische Strukturen keine Kriege gibt (Barclay, 1982). Das macht eine Welt ohne Hierarchien attraktiv.

Es ist bekannt, dass Frauen dazu neigen, Netzwerke zu knüpfen, Männer hingegen dazu, Hierarchien zu errichten (Schwarz, 2007, S.235). Charakteristische Organisationsformen der über lange Zeit männlichen Welt sind Monarchien und Diktaturen, charakteristisch für die heutige Welt, die, wie sich herausstellen wird, langsam weiblich wird, sind Demokratien.

Die Abwesenheit übergreifender Hierarchien im Kleinkindstadium weist also ebenfalls darauf hin, dass hier die weibliche Seite vorherrschte. Das korreliert mit den Genderrollen im Zusammenhang mit der Pubertät. Vor der Pubertät sind Mädchen leistungsstärker und dominanter als Jungen, was sich schon in den schulischen Leistungen äußert. Nach der Pubertät waren bis in die jüngste Vergangenheit Männer diejenigen, die dominierten und nach außen handelten. Die letztere Rollenverteilung wurde und wird mittlerweile korrigiert. Die vorpubertäre Stärke der Mädchen andererseits war schon lange bekannt. Bereits in Volksmär-

chen wurde sie thematisiert: Bei Hänsel und
Gretel, zwei Kindern, war Gretel die Retterin;
umgekehrt wurde Dornröschen, eine erwachsene Frau, vom Prinzen gerettet. Die Rollen
wechselten mit der Pubertät. Gibt es Parallelen
in der Entwicklung der Menschheit?

In der Kupferzeit begann die Menschheit,
sich hierarchisch zu organisieren. In Überresten
der Varna-Kultur gab es erstmals Hinweise auf
eine Oberschicht, die damals männlich war.
Die Menschheit war erwachsen und männlich
geworden. Auch die Tatsache, dass sich überhaupt Hierarchien ausbildeten, weist auf
männliche Züge hin. Hierarchien sind das be-
herrschende Kennzeichen der ab der Pubertät
nun männlichen Menschheit.

Die neolithische Revolution, einer der größten Umbrüche in der Entwicklung der
Menschheit, ging diesem Zustand unmittelbar
voraus und kann daher als eine erste Transgenderisierung der Menschheit aufgefasst
werden, in diesem Fall von weiblich zu männlich. Die Menschen gaben ihr Leben als Jäger
und Sammler auf, wurde sesshaft, betrieben
Ackerbau und Viehzucht. Für diese gewaltige
Umstellung der gesamten Lebensweise könnten eventuell Umstände verantwortlich ge-

macht werden, die auf einen damals zu be-
obachtenden Klimawandel zurückgeführt wurden (Smolla, 1960).

Nun hatte also die Erwachsenen-Phase der
Menschheit begonnen, die bis heute anhält.
Alterungserscheinungen lassen sich bisher
nicht feststellen. Die Menschheit ist immer
noch nach vorn gewandt, dringt weiter ins
Weltall vor; bemannte Flüge zum Mars sind
geplant.

Die Muttersohnphase

Die psychische Situation der Menschheit in der Erwachsenenphase, die mit der Kupferzeit begann und im Wesentlichen fast bis heute anhält, war immer noch durch starke Mutterbindung und einen fehlenden Vater geprägt. Die Natur, personifiziert als Urmutter, beherrschte alles. Erste religiösen Anrufungen der Menschheit richteten sich an diese Mutterfigur. Die ersten Götterbilder konnten demnach nichts anderes sein als Symbole der Weiblichkeit.

Ein Vater der Menschheit hatte sich zunächst nicht gezeigt. Der Kult um Gottvater entstand erst sehr viel später. Sein anthropomorphes Bild als Vater hatte seinen Ursprung in der Vatersehnsucht der Menschheit, die bis dahin keinen Vater hatte. Die gendermäßige Charakterisierung Gottes als Mann erweist sich somit als verständlich. Wie weit sie tatsächlich notwendig ist, wird immer wieder diskutiert, selbst unter Theologen.

Im Gegensatz zur Mutter besaß der väterliche Gott den Nimbus des Unnahbaren. Er war den Menschen fern, verwehrte ihnen oft sogar, sich ein tatsächliches Bild von ihm zu machen. In der jüdisch-alttestamentarischen Tradition durfte nicht einmal sein Name ausgesprochen werden.

Die psychische Konstellation der Menschheit wurde in dieser Zeit durch enge Mutterbindung und Vaterferne gekennzeichnet. Es war die klassische Konstellation eines Muttersohnes (Liegener, 2016a, 2016b, 2017a).

Der Begriff des Muttersohnes ist aus der Psychologie des Individuums geläufig. Pilgrim insbesondere charakterisierte den Muttersohn als einen Sohn mit besonders starker Mutterbindung (Pilgrim, 1986), die sich dadurch übermäßig entwickelt hat, dass der Vater bei seiner Erziehung kaum eine Rolle spielte, sei es, dass er abwesend war, sei es, dass er sich desinteressiert am Sohn benahm oder als unnahbar galt. Dementsprechend sind die Schicksale von Mutter und Sohn aufs Engste verknüpft. Die Mutter konnte sich in der Männergesellschaft jener Zeit nicht frei entfalten und erträumte sich in ihrem Sohn die einzige Möglichkeit zur Erfüllung ihrer nicht gelebten Ideale. Dass der Sohn einmal diese Ideale verwirklichen möge, war das Ziel ihrer Erziehung. Diese Ideale überhöhte sie und pflanzte auf diese Weise dem Sohn ein Sendungsbewusstsein ein. Der Sohn wiederum sah sich zu den ihm übertragenen großen Aufgaben berufen, stellte diese Mission über alles andere und wurde zum Narziss.

Der erwachsene Muttersohn ist oft ein Eroberer, gern ein Tyrann, immer aber der Besondere, sei es im Guten oder im Bösen. Hitler, Stalin, Napoleon und Alexander der Große waren Muttersöhne, auf der anderen Seite aber auch Jesus.

Im Allgemeinen wird sich die Psyche eines Kollektivs nicht in der Psyche seiner Mitglieder widerspiegeln. Es sind ja nur die gemeinsam gefällten Entscheidungen, die das Kollektiv kennzeichnen. Im Fall der Menschheit ist es jedoch so, dass zu jener Zeit tatsächlich meist Männer das Sagen hatten und dass infolgedessen die Männer sehr oft Muttersöhne waren. Das liegt einfach daran, dass in den patriarchalischen Gesellschaften der letzten Jahrtausende die Rollenverteilung der Geschlechter derart festgelegt war, dass der Mann arbeitete und die Familie nach außen vertrat, die Frau dagegen den Haushalt besorgte und sich um die Kinder kümmerte. Die Kinder erlebten daher die Mutter als Bezugsperson und nahmen den Vater als entfernt wahr. Söhne wurden zu Muttersöhnen. Die muttersohnartige Menschheit wurde dadurch meist auch von Muttersöhnen geführt.

Bei genauerer Betrachtung fallen weitere Charakterzüge des Muttersohnes auf, die mit denen der Menschheit übereinstimmen.

Die Mutter der Menschheit, die Urmutter, war zwar in der Natur allgegenwärtig, existierte aber als Person nur in der Vorstellung der Menschen. Sie konnte nicht selbst handeln, nur durch ihre Kinder, die Menschen. Die Menschheit, am Anfang noch weiblich, handelte für sie, in ihrem Auftrag, fühlte sich durch die Mutter autorisiert.

Mit der Transgenderisierung in der Jungsteinzeit entwickelte sich daraus der Narzissmus des Muttersohnes. Er zeigte sich im Lauf der Zeit in der Rücksichtslosigkeit des Kollektivs der Menschheit gegen alle und alles, die den kurzsichtigen Interessen der Menschheit entgegenstanden, so z.B. bei der Ausbeutung des Planeten und sogar in der Phantasie der Menschheit, wenn in Science-Fiction-Romanen beschrieben wird, wie sich die Menschen ein Zusammentreffen mit fiktiven Außerirdischen vorstellten (Liegener, 2017a, S. 39): Die Außerirdischen sind in der klassischen Science-Fiction-Literatur bis in die 80er Jahre vorwiegend feindlich gesonnen (eine Projektion der eigenen aggressiven Haltung der Menschheit); daraus wird ein Verteidigungsfall für die Menschheit konstruiert, dem eine kriegerische Auseinandersetzung folgt. Diese endet typischerweise mit der völligen Vernichtung der Außerirdischen. Damit nicht genug, erbeutet die Menschheit auch noch deren überlegene Technologie und kann damit selbst den Weltraum erobern. In ihren Träumen verrät die muttersohnartige Menschheit ihre geheimen Expansionsgelüste. Die Aneignung der Priorität der weiterentwickelten Außerirdischen stellt eine Manifestation des Esau-Effekts dar (Liegener, 2015b): Der Muttersohn versucht, dem Vatersohn seine Priorität zu rauben. Dabei wird die außerirdische Zivilisation als vatersohnartiges Kollektiv empfunden, weil sie von außen kommt, aus der Ferne, von da, wo der Vater ist.

Um als Mann durchzusetzen, was seine Mutter als Frau nicht verwirklichen konnte, muss der Muttersohn eine männliche Maske tragen und die ihm von der Mutter mitgegebene weibliche Prägung unterdrücken (Pilgrim, 1986). Diese Zerrissenheit zwischen weiblicher und männlicher Identität ist einer der Faktoren, die dazu führen, dass der Muttersohn zur Selbstzerstörung neigt (Pilgrim, 1986).

Hier zeigt sich indes ein Unterschied zwischen heterosexuellem und homosexuellem Muttersohn. Der homosexuelle Mann muss heute seine weibliche Seite nicht mehr unterdrücken, sondern kann, wenn er will, zu ihr stehen. Allerdings gilt das erst für die heutige Gesellschaft. Lange galt Homosexualität als verpönt, stand zeitweilig sogar unter Strafe. Dass Homosexualität heute ausgelebt werden kann, ist ein Indiz für den Wandel der Welt, der als eine Transgenderisierung ihrer kollektiven Psyche bezeichnet werden kann und letztlich zur Rettung der Menschheit beiträgt. In jenen früheren Gesellschaften jedoch teilte der homosexuelle Muttersohn das Schicksal des heterosexuellen: Es musste seine weibliche Seite unterdrücken.

Die fatale Disposition des Muttersohnes zur Selbstzerstörung ergibt sich auch aus einer weiteren Betrachtung (Liegener, 2015a): Der Mensch neigt evolutionsbedingt dazu, sich immer leicht zu überfordern. Diese Neigung hat er im Zuge der Evolution entwickelt, um seine Leistungsfähigkeit zu steigern. Mit diesem Charakterzug wird der Mensch seine Ziele schon aus Prinzip im Allgemeinen nur teilweise erreichen können, wird sich daher grundsätzlich als unzureichend erleben. Er empfindet dieses intrinsische Versagen, das ihm anhaftet, als eine Art von Schuld, die er mit seiner Existenz verbindet, ohne sie genauer definieren zu können (Liegener, 2015a): „Durch die spezifischen Herausforderungen der Umwelt in der Frühzeit der Menschheit wurden hauptsächlich die Menschen selektiert, die sich stets leicht überforderten, dadurch mehr leisteten. Die zwangsläufige Unzulänglichkeit beim Erreichen ihrer zu hoch gesteckten Ziele, die Unfähigkeit, die selbst geschaffenen Ideale zu verwirklichen, führte in der Folge zu Schuldgefühlen bei den so selektierten Menschen.“

Daraus resultiert ein existenzielles Schuldbewusstsein des Menschen, das in der Vergangenheit lange mythologisch verbrämt als Erbschuld bezeichnet wurde.

Zwangsläufig wird also auch der Muttersohn seine unrealistisch hochgesteckten und ihm heiligen Ziele nicht erreichen können. Ein Scheitern kann jedoch der Narziss und Perfektionist nicht hinnehmen. Er sieht in diesem Fall nur einen Ausweg: die Selbstzerstörung.

Das hat Implikationen. Wenn die Menschheit in ihrer Muttersohnähnlichkeit ebenfalls selbstzerstörerisch ist, könnte uns eine katastrophale Zukunft bevorstehen: Die Menschheit würde sich selbst vernichten (Liegener, 2016b, 2017a). Viele Anzeichen dafür ließen sich bis in die jüngste Vergangenheit beobachten (Kalter Krieg, Nuklearer Overkill, menschengemachter Klimawandel, genmodifizierte Viren etc. etc.).

Von der Selbstzerfleischung der Menschheit kündeten bis vor Kurzem unzählige Kriege und Konflikte. Kämpfe überall. Es ging im kleinsten Kreis weiter. Dass der Muttersohnes seine weibliche Seite unterdrückte, äußerte sich in der Unterdrückung der Frauen in allen muttersohngeprägten Gesellschaften.

Das ändert sich gegenwärtig. Die Muttersohnphase neigt sich glücklicherweise ihrem Ende zu. Dieses Ende kann als die Transgenderisierung des Muttersohnes zu einer Muttertochter bezeichnet werden (Liegener, 2017a, b, c) und spielt eine wichtige Rolle beim Scheitern des Kampfes gegen den Klimawandel.

Der Ausweg aus der Selbstzerstörung

Der Ausweg aus der grundlegenden Problematik der drohenden Selbstzerstörung wurde bereits in Angriff genommen, und zwar vom kollektiven Unterbewusstsein der Menschheit ohne das Wissen der Menschen: Es ist die allmähliche Transgenderisierung der Menschheit von einem Muttersohn zu einer Muttertochter. Dieser Prozess hat historisch ungefähr mit der Aufklärung begonnen. Er verläuft langsam, mit gelegentlichen Rückschritten, und ist derzeit noch im Gange.

Dieser nun eingeschlagene Weg läutet eine neue Phase in der psychischen Entwicklung der Menschheit ein. Es handelt sich um eine Transformation des Muttersohnes, die ihn von seiner selbstzerstörerischen Tendenz befreien soll. Bisher schien dies die einzige Möglichkeit zu sein (Liegener, 2016a, 2016b, 2017a). Es ist aber noch eine weitere Möglichkeit denkbar: die Transformation des heterosexuellen Muttersohnes in einen homosexuellen Muttersohn. Letzterer kann sich seiner weiblichen Seite problemlos stellen und hat daher in einer geeigneten Umgebung nicht mit den Schwierigkeiten des heterosexuellen Muttersohnes zu kämpfen.

Tatsächlich kann man nämlich sagen, dass unter gewissen Umständen der homosexuelle Muttersohn psychisch gesünder sein kann als der heterosexuelle. Der Grund liegt darin, dass der homosexuelle Mann sich nicht notwendigerweise an die Genderrolle des Mannes gebunden fühlen muss und sich daher frei fühlen kann, weibliche Verhaltensweisen zu übernehmen. Damit entfällt die charakteristische Zerrissenheit des heterosexuellen Muttersohnes zwischen weiblichere Prägung und männlicher Maske. Diese Zerrissenheit war als eine der Ursachen für die selbstzerstörerischen Tendenzen des Muttersohnes ausgemacht worden.

Die Menschheit wusste bisher nichts von ihrem Wandel, geschweige denn, dass sie ihn selbst ausgelöst hätte. Vielmehr hat ein unbewusster Wandel der Menschheit irgendwann spontan eingesetzt. Ausgelöst wurde er durch einen natürlichen Selbsterhaltungsmechanismus der Menschheit.

Seit etwa 1700 verließ sich die Menschheit auf die Vernunft als Richtschnur der Beurteilung und des Handelns. Die alten Autoritäten verloren ihre Macht. Es handelte sich um eine geistige Entwicklung, nicht um eine gewaltsame Revolution. Der Preis für diese Entwicklung war, dass das kollektive Unterbewusstsein der Menschheit in eine Existenzkrise geriet.

Kulturgeschichtlich lässt sich das leicht erklären: Die Menschheit musste ihre Einsamkeit im All erfahren. Durch Fortschritte in der Astronomie erkannte die Menschheit im Lauf der Jahrhunderte, dass sie nicht Mittelpunkt des Universums war. Das war ein schwerer Schlag für den Narzissmus des Muttersohnes. Ferner stellte die Biologie durch die Evolutionslehre den bisherigen Gottesglauben auf die Probe. Der Mensch war möglicherweise noch gar nicht die endgültige Krönung der Schöpfung. Zweifel an der Bibel kamen auf.

Die Menschheit fand sich allein in einem riesigen, unbekannten Weltall und Gottes Wort schien keine befriedigenden Antworten zu geben. Existenzangst stieg auf.

Später kam noch die Einsicht hinzu, dass die Entwicklung der Menschheit so nicht weitergehen konnte, dass es Grenzen des Wachstums gab (Bardi, 2011). Das machte es nicht besser.

Die Existenzangst wurde noch dadurch verstärkt, dass die überkommenen hierarchischen Strukturen im Lauf der letzten Jahrhunderte durch Revolutionen und soziale Unruhen ins Wanken geraten waren. Diese teilweise gewalttätigen Prozesse hatten damit Einfluss auf die kollektive Psyche. Diese wird eigentlich stärker durch soziale Geschehnisse beeinflusst als durch physische Gewalt. So sind die zwei Weltkriege wohl nicht direkte Einflussfaktoren gewesen. Gewaltige Kriege – sogar länger anhaltende – gab es auch schon früher. Indirekt aber können natürlich die Weltkriege durch ihren globalisierenden Charakter zum Wandel der kollektiven Psyche beigetragen haben.

Bei Existenzangst ruft der Mensch nach seiner Mutter. Er sehnt sich nach weiblicher Geborgenheit. Frauen geben und suchen solche Geborgenheit. Es ist ihre Domäne.

Der Muttersohn tendierte somit zu seiner weiblichen Seite.

Es gibt noch einen weiteren Auslöser der Transgenderisierung. Frauen kommen nämlich mit Überlebenssituationen besser zurecht als Männer. Das ist bekannt (Albrecht, 2008). Da die Geburt eines Kindes zu dem Schmerzhaftesten gehört, was Menschen erleiden können, hatten Frauen die größere Leidensfähigkeit ausbilden müssen als Männer. Diese weibliche Resilienz wird nun in der Existenzkrise gebraucht und mobilisiert. Die Menschheit versucht daher, weiblich zu werden, und beginnt, sich zu transgenderisieren. Das ist bei der Menschheit ein kollektiver psychischer Vorgang.

Ein Geschlechtswechsel ist gar nicht so ungewöhnlich, wie er sich anhört. Spontane Geschlechtswechsel kommen im Tierreich oft vor, z.B. bei Clownfischen und Flussperlmuscheln. Diese Umwandlungen äußern sich in diesen Fällen physisch und treten ein, wenn sie notwendig sind, um die Art zu erhalten.

So ist es auch beim Kollektiv der Menschheit: Der Wandel ist notwendig, um die Art zu erhalten.

Ähnliches hatte sich schon bei der neolithischen Revolution ereignet.

Die Frage, die sich hier stellt, ist, ob tatsächlich die passive (weibliche) oder die aktive

(männliche) Verhaltensweise in Überlebenssituationen erfolgreicher ist. Diese Frage wurde
schon oft gestellt.

Der Mann kämpft in solchen Situationen
seinen Kampf, egal ob sinnlos oder nicht.
Sprichwörtlich geworden ist für ihn „der
Kampf, den er nicht gewinnen kann". Der
Mann bestreitet ihn mit einem gewissen Stolz.
Er entspricht seiner Genderrolle. Der Mann
fühlt sich dabei wie John Wayne im Western:
„Ein Mann muss tun, was ein Mann eben tun
muss."

Frauen sind da flexibler. Sie neigen dazu, zu
fliehen oder zu resignieren. Das Resignieren
hört sich für Männer nicht nach einer Option
an, ist aber in der Natur eine durchaus zulässi-
ge Strategie, die das Überleben ermöglichen
kann. Man braucht allerdings Dulderqualitä-
ten. Erdulden ist eine weibliche Stärke.

Äsop argumentierte in seiner Fabel vom
Frosch im Milchkrug zugunsten des scheinbar
aussichtslosen Kampfes: Der vom Ertrinken in
der Milch bedrohte Frosch strampelt so lange,
bis die Milch verklumpt und er hinausspringen
kann.

Die Evolution, unbestechliche Auswerterin der statistischen Chancen, hat indes anders entschieden: In ausweglosen Situationen stellen sich die Tiere der realen Welt tot. Der Mensch schüttet bei Nahtoderfahrungen Endorphine aus, die ihn sich wohlfühlen lassen und lethargisch machen. Man könnte von einer Gnade Gottes sprechen, die dem Menschen den Tod erleichtert. Gott hätte, wenn es so wäre, einen Weg gewählt, der sich wissenschaftlich erklären lässt. Die simple Erklärung ist eben, dass sich in der Evolution die Resignation als die erfolgversprechendere Strategie durchgesetzt hat.

Sich weiblich zu verhalten, verspricht also die besten Chancen beim Überlebenskampf der Menschheit (Liegener, 2017c, S. 37-40). Das heißt, die Evolution hat das kollektive Unbewusste so entwickelt, dass es in Gefahrensituationen, die das Kollektiv betreffen, die Transgenderisierung favorisiert.

Hierbei ist die Existenzangst nur der Auslöser. Kollektivpsychologisch gesehen liegt die Gefahr tiefer, nämlich in der drohenden Selbstzerstörung des Muttersohnes, eine Gefahr, die das kollektive Unterbewusstsein sehr wohl spürt.

Diese Argumentation erklärt eine Transgenderisierung der Menschheit von einem Muttersohn zu einer Muttertochter. Wie gesagt ist dies nicht die erste Transgenerisierung der Menschheit, aber sie ist aktuell noch im Gange. Eine Wandlung zu einem homosexuellen Muttersohn wäre auch denkbar, um der psychischen Krise zu begegnen.

Die Frage, ob eine Transgenderisierung stattfindet oder ein Übergang zur Homosexualität, lässt sich nicht im Allgemeinen beantworten, sondern hängt von der Situation ab. Es gibt, wie sich später herausstellen wird, Anzeichen, dass die Transgenderisierung die tiefergreifende Wandlung darstellt und daher nur dann der Homosexualisierung vorgezogen wird, wenn sie wirklich notwendig ist.

Es soll jedoch nicht verschwiegen werden, dass es neben der neolithischen Revolution und der heutigen Transgenderisierung noch eine weitere Transformation eines Teils der Menschheit gab. Diese begleitete den Untergang der mykenischen Kultur und soll weiter unten besprochen werden.

Die gegenwärtige Transgenderisierung der Menschheit

Symptome der Transgenderisierung

Da der gegenwärtige Vorgang der Transgenderisierung der Menschheit schon begonnen hat und sich stufenweise entfaltet, sollte er sich anhand tatsächlich stattfindender gesellschaftlicher Veränderungen beobachten lassen. Diese Veränderungen sollten sich über die letzten Jahrhunderte aufgebaut haben und mehr oder weniger deutlich ausfallen (Liegener, 2017a, 2017b). Wenn es sie gibt, dürften sie sich in Zukunft verstärkt fortsetzen.

Eine der auffälligsten Entwicklungen in dieser Hinsicht ist die zunehmende Ersetzung von Hierarchien durch Netzwerke. Es war schon erwähnt worden, dass Hierarchien typisch männlich sind, Netzwerke typisch weiblich (Schwarz, 2007, S.235). Demokratien funktionieren netzwerkartig, Monarchien hierarchisch. Der Trend der letzten Jahrhunderte geht eindeutig dahin, Monarchien durch Demokratien abzulösen, Großreiche durch lose Staatenbünde. Der Vormarsch der Demokratien ist ein Symptom der weiblich werdenden Welt.

Bei dieser Argumentation entsteht allerdings ein Problem: Die Demokratie gab es schon in der Antike, bevor sie damals wieder verlorenging. Das widerspricht scheinbar dem postulierten Zeitplan. Dafür gibt es jedoch eine plausible Erklärung. Dazu mehr im Kapitel über eine weitere Transformation der Menschheit.

Eine dezentrale netzwerkartige Struktur setzt sich auch im Kleineren allenthalben durch. Da ist zunächst natürlich das Internet zu nennen, der Netzwerkverbund, der unser Leben inzwischen vollständig durchdrungen hat.

Zunehmend verbreitet sich auch die Blockchain-Technologie, die auf einem Netzwerk von Datensätzen basiert und nicht nur die Finanzwelt durch Kryptowährungen wie den Bitcoin in Aufruhr bringt, da sie nicht mehr durch Zentralbanken kontrolliert werden können.

Soziale Netzwerke wie Facebook und Twitter haben ihren Siegeszug angetreten. Global

Governance sucht Konzepte für eine netzwerkartige Regierung der Welt.

Die Transgenderisierung äußert sich überall. Es geht schon in der Schule los. Die Kinder werden auf die neue Welt vorbereitet. „Soft Skills" statt „Hard Skills" werden gelernt. Auf Leistung, einen von Männern bevorzugten Maßstab, wird weniger Wert gelegt, dafür mehr auf soziale Kompetenz, eine weibliche Stärke, die auch bei homosexuellen Männern deutlicher als bei heterosexuellen ausgeprägt ist. Es findet eine Abkehr vom männlichen hierarchischen System statt. Die Dreiklassengesellschaft von Hauptschule, Realschule und Gymnasium wird aufgeweicht und aufgelöst.

Im Berufsleben nimmt Mobbing zu. Mobbing zu praktizieren, heißt ja, die Macht eines Netzwerkes zur Wirkung zu bringen. Das kann als eine weibliche Taktik angesehen werden. Frauen kultivieren dabei aufgrund ihrer körperlichen Unterlegenheit insbesondere den Psychoterror. Die natürliche Folge der Transformation der Welt: psychische Erkrankungen am Arbeitsplatz. Es gibt mehr Frühverrentungen (DRV, 2015). Das ist bedauerlich, aber auch der Wandel zu einer weiblichen Welt bringt Schattenseiten mit sich. Die Verlagerung der Konflikte von der globalen auf die zwischenmenschliche Ebene ist der Preis, den wir für das Überleben der Menschheit zahlen müssen.

Im letzten Jahrhundert überschlugen sich die Ereignisse. Das betrifft nicht nur formale Errungenschaften wie das Wahlrecht der Frauen. Noch allgemeiner kann man von einem „Wertewandel" sprechen, der insbesondere seit Mitte der sechziger Jahre stattgefunden hat: Materialistische Werte wurden von postmaterialistischen Werten abgelöst (Inglehart, 1977, 1995). Materialistische Werte wie Sicherheit und körperliche Unversehrtheit sind männliche Werte. Sie fielen in der Frühzeit der Menschheit in den Zuständigkeitsbereich der Männer, die wilde Tiere und Feinde, eben physische Gefahren abzuwehren hatten. Als postmaterialistische Werte bezeichnet man solche, die über das Existenzielle hinausgehen, Werte wie Glück, Gefühle, Geselligkeit. Es sind weibliche Werte: Werte, um die sich seit jeher die Frauen gekümmert haben. Frauen machten die Höhle wohnlich, sorgten für die „kleinen" Dinge.

Der beobachtete Wertewandel stellt also eine Verschiebung von männlichen zu weiblichen Werten dar. Der Wertewandel steht mal mehr, mal weniger im Vordergrund. Derzeit wird er von der Generation Y (Geburtsjahr zwischen 1980 und 2000) wieder neu entdeckt (Bund, 2014).

Selbst in der Science-Fiction-Literatur macht sich die Transgenderisierung bemerkbar. Erwähnt worden waren die Expansionsgelüste der Menschheit in der frühen Science-Fiction-Literatur. Im Lauf der Zeit hat sich das gewandelt; es hat ein Trend zur Koexistenz mit Außerirdischen eingesetzt, ungefähr seit den 1980er Jahren. Die Außerirdischen müssen nun nicht mehr unbedingt vernichtet werden. Sie werden sozial integriert, eine weibliche Vorgehensweise. Aber nicht nur weibliche Züge zeigten sich, auch homosexuelle. Im Bereich der Science-Fiction-Filme avancierte die Filmparodie „(T)Raumschiff Surprise – Periode 1" zum dritterfolgreichsten Film. Seine Helden waren drei schwule Astronauten.

Mehr Weiblichkeit findet sich auch im Umgang mit Informationen. Das weibliche Faible für ausufernde Kommunikation hat dazu geführt, dass Redundanz Wertschätzung erfährt.

Frauen reden gern mehr, als notwendig wäre. Sie verbinden mit der Informationsübertragung eine soziale Interaktion. Männer halten das für Zeitverschwendung und beschränken sich aufs Wesentliche.

Mit dem Vormarsch der Weiblichkeit wendet man sich nun der Redundanz zu und entdeckt ihre Vorteile. Redundanz verringert die Fehleranfälligkeit technischer Systeme, sie ist im Marketing nützlich zur besseren Verbreitung von verkaufsrelevanten Informationen; Politiker nutzen sie genauso wie Lehrer und schon Kinder.

Redundanz in der Kommunikation hat eine „Kultur der Klicks" entstehen lassen. Nicht mehr der wirkliche Inhalt einer Nachricht zählt, sondern der kommunikative Impact, die Zahl der Klicks, die sie im Netz erhält. Selbst der US-Präsident kommuniziert gern über Twitter. Die Überbewertung des Impacts einer Meinung manifestiert sich in neu aufkommenden Strömungen wie dem Populismus.

Populismus ist tatsächlich eine Begleiterscheinung der weiblich werdenden Welt (Liegener, 2017b). In seiner heutigen Ausprägung trägt er weibliche Züge: Hierarchische Systeme werden abgelehnt, Selbstorganisation angestrebt. Die männliche Vorliebe für endlose Pläne wird abgelöst durch eine weibliche Trial-and-Error-Taktik. Der Ruf nach einem Durchgreifen darf nicht mit Macho-Gehabe verwechselt werden. Vielmehr ist er weiblich: Frauen verlangen gern Taten von ihren Männern.

Meinungen sind heute in größerem Maße „namenorientiert" als „inhaltsorientiert". Frauen ziehen das Persönliche dem Abstrakten vor. Für Frauen wie auch wohl für die Mehrheit der Mitglieder der heutigen Bevölkerung der Kulturnationen gilt, dass sich ihnen Namen oder Schlagworte leichter einprägen als Inhalte.

Wissenschaft und der Kalte Krieg

In der Wissenschaft äußert sich die Transgenderisierung dadurch, dass der arrogante Anspruch des Muttersohnes, alles rational lösen zu können, durch die Bescheidenheit der Muttertochter abgelöst wird.

Im 19. Jahrhundert bildete man sich noch ein, die ganze Welt im Prinzip mechanistisch erklären zu können. Erst im 20. Jahrhundert reifte die Erkenntnis, dass das nicht funktionieren kann. Im ganz Kleinen braucht man die Quantenmechanik, im ganz Großen die Relativitätstheorie. Diese beiden wiederum zu vereinen, ist eine Aufgabe, die bis heute nicht gelöst ist. Das ist noch nicht alles: Mit der Formulierung der Quantenmechanik entstand erstmals eine Theorie, die holistische Züge trug. Es wurden Korrelationen entdeckt, die eine Separation eines Systems in nicht-wechselwirkende Komponenten verhindern können. Der typisch männliche analytische Ansatz wurde angreifbar.

Die Thesen des Reduktionismus wurden in Frage gestellt. Eine Zeit lang wurde in der Vergangenheit behauptet, Chemie und Biologie könnten auf die Physik zurückgeführt werden. Die Existenz emergenter Phänomene widerspricht jedoch diesem Wunschtraum der Physiker. Man kann aus quantenchemischen Rechnungen nicht a priori auf die Idee kommen, den Begriff einer „Säure" zu prägen, einen Begriff, der mit Geschmacksempfindungen zu tun hat, ebenso wenig, wie man aus physikalischen Gesetzmäßigkeiten hätte vorhersagen könne, dass es so etwas wie „Leben" geben kann. Nur die umgekehrte Reihenfolge funktioniert: Mit Hilfe der zugrundeliegenden Physik lassen sich vorher bekannte makroskopische Phänomene a posteriori „verstehen", wobei die Hilfestellung durch die Kenntnis der Realität gewaltig ist.

Ähnlich verhält es sich mit der Mathematik. Hatte Hilbert noch 1921 dazu aufgerufen, die komplette Widerspruchsfreiheit der gesamten Mathematik zu beweisen, so zeigten 1931 die Gödelschen Unvollständigkeitssätze, dass dies unmöglich ist.

In der Philosophie hatte die männliche Überheblichkeit Auswirkungen auf die Weltgeschichte. Die Systemphilosophen des deutschen Idealismus glaubten, die ganze Welt erklären zu können, und brachten Folgedenker hervor, die daraus den Anspruch ableiteten, den Theorien entsprechend die ganze Welt nach ihren Vorstellungen zu gestalten. Sie initiierten die russische Revolution und verursachten damit die spätere jahrzehntelange Ost-West-Polarisierung der Welt.

Das Ende des Kalten Krieges hingegen war eine Folge der Transgenderisierung der Menschheit. Es kam durch eine schrittweise Deeskalation zustande. Diese funktionierte wiederum nach dem Prinzip des „gutmütigen Tit for Tat" (Axelrod, 2009), einer Strategie, die im Grunde auf eine gemäßigte Gegenseitigkeit setzt. Diese Strategie kann als weiblich angesehen werden.

Gegenseitigkeit im Umgang miteinander ist nämlich Eigenschaft weiblicher Gemeinschaften. Im Gegensatz dazu hackt in männlichen Hackordnungen der Gehackte nicht zurück. In weiblichen Netzwerken jedoch wird dem jeweils anderen das Prinzip der Gegenseitigkeit signalisiert. Was dabei herauskommt, wird oft in Unkenntnis der Nützlichkeit der Vorgehensweise abschätzig als „Gezicke" bezeichnet und ist eine typisch weibliche Verhaltensweise, zuweilen jedoch auch unter Homosexuellen anzutreffen. Es ist genau diese weibliche Verhaltensweise, die den heutigen Friedensverhandlungen zugrunde liegt. Das Weiblich-Werden der Welt hat also den Kalten Krieg beendet.

Die heutige Weltpolitik weist weitere weibliche Züge auf. Aggression wird im Keim erstickt, aber nicht durch Drohgebärden. Auch wenn es zuweilen noch dazu kommen mag, gehört diese Verhaltensweise doch immer mehr zum alten Eisen. In unserer Welt wird vielmehr eine geeignete Öffentlichkeit hergestellt. Aggressoren werden sozial isoliert und riskieren, aus der Gemeinschaft der Staaten ausgeschlossen zu werden. Das ist zunächst ein kollektivsozialer Prozess, der aber handfeste Konsequenzen haben kann, z.B. wenn er durch Sanktionen unterstützt wird. „Sozialer Druck statt Gewalt" lautet die Devise.

Es ist eine typisch weibliche Verhaltensweise in einer sozialen Auseinandersetzung, einem Gegner, den man treffen will, nicht nur kühl zu begegnen, sondern den Effekt dadurch zu steigern, dass den anderen Mitgliedern der Gruppe umso mehr Wärme entgegengebracht wird.

Diese Verhaltensweise wird gern in der heutigen Politik angewandt, indem man nicht nur Sanktionen gegen den Aggressor verhängt, sondern gleichzeitig dessen Konkurrenten stärkt. (Der Feind meines Feindes ist mein Freund.) Das ist inzwischen sehr beliebt, z.B. im Nahen Osten, auch wenn gerade dort dieses duale Schema zu vereinfachend ist und dazu führen kann, dass Parteien aufgebaut werden, die sich später ebenfalls als feindlich erweisen.

Kultur und Nachhaltigkeit

Auch die Kultur ist betroffen. Die Art, wie Literatur geschrieben und vertrieben wird, befindet sich ebenfalls im Wandel (Liegener, 2017d). Die Zeit der ganz großen Dichter ist vorbei. Stattdessen sprießen Hobbydichter in Massen aus dem Boden. Kleine, schnelllebige Werke werden von ihnen in rauen Mengen produziert und über moderne Medien in die Welt getragen. Hierbei Qualität zu entdecken, ist eine schwere Aufgabe, zumal selbst die Definition von Qualität in diesem Fall nicht immer eindeutig ist. Hier hilft wieder die Kultur der Klicks: Was beliebt ist, verbreitet sich weiter – ein sich selbst verstärkender Mechanismus.

Es handelt sich beim Literaturbetrieb wiederum um ein Beispiel des Übergangs von zentralistischen Hierarchien zu netzwerkartigen Strukturen.

Nachhaltigkeit wurde in jüngerer Zeit zu einem wichtigen Kriterium bei der Projektauswahl in fast allen Bereichen. Auch dabei kann man von einer Begleiterscheinung der weiblich werdenden Welt sprechen. Der Grund lässt sich im Verantwortungsbewusstsein der Frau für das Wohlergehen der Kinder finden. Sie ist diejenige, die am meisten Zeit mit den Kindern verbringt, sich am meisten um sie sorgt. Die Kinder stehen für die Zukunft – ihnen soll eine intakte Welt hinterlassen werden. Das ist das Anliegen der Frauen und gleichzeitig der Grundgedanke der Nachhaltigkeit.

Auch wenn es sich bei der Transgenderisierung der Menschheit um ein kollektivpsychologisches Phänomen handelt, spiegelt sie sich teilweise im Verhalten der Individuen: Das weibliche Verhalten entwickelt sich in unserer Welt zum erfolgversprechenderen.

In der Urzeit sorgten die Frauen in der Höhle für das tägliche Leben, während die Männer in der Wildnis auf die Jagd gingen. Mit der Eroberung durch den Menschen ist unsere Welt zu einer einzigen großen Höhle geworden. Sie hat sich zu einem Reich der Frauen entwickelt. Mit weiblichen Fähigkeiten wie Kommunikationsstärke kommt man in ihr weiter.

Die Transgenderisierung der Menschheit betrifft uns alle – jeden von uns. Selbst das persönliche Glück des einzelnen Menschen scheint in der weiblich werdenden Welt zuzunehmen (Liegener C.-M. , 2017c, S. 65 ff). Grund ist, dass Frauen einfach glücklicher sind als Männer, wie empirische Studien zeigen (Clark, 1997).

Die Erlösung von der Erbschuld

Die Erbschuld der Menschheit ist aus der kirchlichen Lehre vom Sündenfall bekannt. Dabei handelt es sich ursprünglich um einen religiösen Begriff. Dieser korrespondiert jedoch mit einem Schuldbewusstsein, das allen Menschen, auch den nichtgläubigen, gemein zu sein scheint. Das war oben schon erwähnt worden. Die Erbschuld kann als das letzte „Geschenk" der Evolution an uns Menschen betrachtet werden.

Es gibt noch eine andere Sicht, die damit nicht in Widerspruch steht. Vom psychoanalytischen Standpunkt aus führte Freud die Erbschuld auf den Ödipuskomplex zurück (Freud, 1930, Kap. 7): „Wir können nicht über die Annahme hinaus, dass das Schuldgefühl der Menschheit aus dem Ödipuskomplex stammt." Gerade der Muttersohn, also auch die Menschheit in ihrer Erwachsenenphase über lange Zeit, war anfällig für den Ödipuskomplex. Das würde zu der Spekulation passen, dass die Erbschuld wahrscheinlich nur in der Muttersohnphase der Menschheit für Missbehagen sorgte.

Wie war es dann bis zur Altsteinzeit um die Erbschuld bestellt? Psychoanalytisch wäre sie zwar nicht zu erwarten gewesen, da die Muttertochter nicht unter dem Ödipuskomplex leidet, aber die evolutionäre Anlage war natürlich vorhanden. Trotzdem kam es nicht zu den existenziellen Schuldgefühlen. Das Gefühl der existenziellen Schuld wegen einer empfundenen Unzulänglichkeit hat etwas mit Leistung zu tun. Die damals weibliche Welt war jedoch nicht wie die spätere männliche auf Leistung ausgerichtet. Daher stellte ein Versagen vor den eigenen Ansprüchen kein so großes Problem dar. Der Zusammenhalt der weiblichen Gemeinschaft sorgte dafür, dass man sich gegenseitig auffing.

Nach der Transgenderisierung ist vom psychoanalytische Standpunkt zu erwarten, dass der Ödipuskomplex der Menschheit entfallen müsste, da er an das Gender des Sohnes gebunden war. Damit sollte auch die Erbschuld verschwinden. Die Verstrickung des Muttersohnes in die Erbsünde würde sich auflösen.

So ist es tatsächlich und der Effekt macht sich bereits bemerkbar. Das individuelle Schuldbewusstsein wird heute schon meist nur noch durch fehlerhafte Taten ausgelöst, selten durch die bloße Existenz. Kollektive Schuld wird praktisch kaum anerkannt. Exemplarisch sei nur die Abschaffung der Sippenhaft im letzten Jahrhundert genannt. In den Zusammenhang gehört auch die Verdrängung nationaler Schuld durch einige heutige Rechtspopulisten.

Die Schlussfolgerung drängt sich auf, dass auch die intrinsische Überforderung der Menschen, seinerzeit Ursache der Erbschuld, weggefallen sein könnte. Diese Schlussfolgerung stimmt mit der heutigen Situation der Menschheit weitgehend überein. Durch vielfältige Entwicklungen in Wissenschaft und Technologie hat die Menschheit sich das Leben angenehm gestaltet. Der elementare Kampf ums Überleben ist damit obsolet geworden, die entsprechende psychische Einstellung überflüssig.

Diese Errungenschaft stellt offenbar eine Folge der kulturellen Entwicklung der Menschheit dar, die vom Muttersohn bewerkstelligt wurde, bis dieser seine Aufgabe erfüllt hatte. Die Hinterlassenschaft der muttersohnartigen Menschheit lässt das existenzielle Schuldbewusstsein überflüssig werden. Analoges war gleichnishaft schon von der christlichen Religion vorhergesagt worden, nämlich dass durch das Selbstopfer Jesu, eines Muttersohnes, die Erbschuld getilgt werden würde.

In der weiblichen Welt wird nicht mehr nach Leistungsfähigkeit selektiert werden, sondern nach Freundlichkeit. Das Evolutionsziel wird umdefiniert werden.

Es wird nicht zur evolutionären Entwicklung telepathischer Fähigkeiten kommen. Das ist Utopie. Aber die Fähigkeit der Menschen zur Empathie wird sich weiterentwickeln, so weit, dass man sich fast ohne Worte verstehen wird.

Die Erlösung der Menschheit von der Erbschuld ist nicht nur ein religiöses Thema. Sie wird im Weiblich-Werden der Menschheit sichtbar.

Das Postideologische Zeitalter

Eine nicht so auffällige Folge der gegenwärtigen Transgenderisierung der Menschheit ist das Aussterben der großen Ideologien. Ideologien wurden in den meisten Fällen von Männern in die Welt gesetzt. Frauen gebären Kinder, Männer Ideologien. Das hängt mit dem Drang zur Größe der Männer zusammen. Gendertypisch kümmern sich Frauen um die Details, Männer um das große Ganze (Pease & Pease, 2002, S. 215).

Frauen sorgten für das tägliche Leben in der Höhle, während die Männer von ihren großen Jagderfolgen träumten. In den letzten Jahrtausenden formulieren die Männer Ideologien, die die ganze Welt betreffen, die aber die Welt nicht braucht.

Ideologien sind männliche Entwürfe für eine Welt, wie sie sie sich vorstellen. Sie sind bombastisch. Die ganze Welt soll nach den Plänen der Männer richten! In dieser Anmaßung äußert sich wieder der Narzissmus des Muttersohnes. Dementsprechend werden die Ideologien mit allen Mitteln durchgesetzt, wenn nötig mit Gewalt. Die fanatischen Anhänger einer Ideologie fühlen sich als auserwählt, der Welt das Heil zu bringen. Oft kommt es zu Kriegen. Man denke nur an die islamische Expansion und die christlichen Kreuzzüge.

Da Ideologien die großspurigen Versprechungen der Männerwelt waren, werden sie in einer sich abzeichnenden weiblichen Welt wegfallen. Kein Problem: Die Welt wird ohne sie auskommen.

Klatsch und Tratsch, Spontaneität sind der Ersatz. Heute hört sich das noch nach einem Niedergang der Kultur an. Man wird es in Zukunft besser verstehen. Die abfällige Bedeutung dieser Worte darf nämlich nicht darüber hinwegtäuschen, dass mit solchen Mitteln viel bewegt werden kann. Hinzu kommt, dass in dieser lockeren Form des Umgangs miteinander eine Mitsprachemöglichkeit für die wirkliche Mehrheit erreicht wird, wie es in Demokratien sein soll.

Ideologien haben die Welt mehr als einmal an den Rand einer Katastrophe gebracht. Die Ideologien dienten damit als eines der Werkzeuge des Muttersohnes bei seinem Bestreben, sich selbst zu zerstören. Auch von daher kann das Aussterben der Ideologien als Folge der Transgenderisierung der Menschheit erwartetet werden.

Kommunismus und Nationalsozialismus können wohl als die letzten totalitären Ideologien angesehen werden. Nachdem sie ihren Einfluss inzwischen verloren haben, beginnt nun eine ideologiefreie Zeit.

Tatsächlich ist gelegentlich von einem postideologischen Zeitalter die Rede (Münkler, 2011, S. 145-146):

„Wir haben uns angewöhnt, die politischen Konstellationen seit dem Ende der Ost-West-Konfrontation als postideologisches Zeitalter zu bezeichnen [...] Postideologisches Zeitalter heißt, dass die Politik nun wesentlich pragmatischer betrieben wird als zuvor."

Statt durch eine Ideologie geführt zu werden, funktioniert die moderne Gesellschaft zum großen Teil nach ökonomischen Gesichtspunkten. Eine Merkantilisierung der Gesellschaft wird zwar immer wieder beklagt, ist aber nur Ersatz für weitaus schlimmere Leitmotive der Vergangenheit. Außerdem lässt sich selbst bei strenger Budgetierung ausreichende Etats für moralische Zwecke zuteinen. Die Ausgaben für Soziales und Entwicklungshilfe sind Beispiele in den heutigen Haushalten.

Aber Moment mal: Kann nicht die Vermeidung von Ideologien selbst wieder als eine Ideologie aufgefasst werden. In diesem konkreten Fall nicht. Die aktuelle Situation beruht nämlich nicht auf einem Theoriengebäude, wie eine Ideologie es tun würde. Im Gegenteil, die neue Situation ist nicht bewusst herbeigeführt worden. Sie hat sich von selbst ergeben, und zwar im Zuge der Transgenderisierung der Menschheit. Sie ist a posteriori kollektivpsychologisch erklärbar, wurde aber nicht a priori angestrebt.

Angenommen, man würde heute versuchen, eine Ideologie zu verbreiten, so würde man es sicher in populistischer Form tun. Auch das ein Zeichen der weiblich werdenden Welt (Liegener, 2017b). Es ist jedoch typisch für die gegenwärtig entstehenden populistischen Bewegungen, dass sie über keine kohärente Ideologie verfügen, eher als Protestbewegungen anzusehen sind. Sie sind eigentlich nicht auf Dauer angelegt und streben keine totalitäre

Herrschaft an. Vielmehr bilden sie sich zweck-
orientiert und zielen auf die Beseitigung von
Missständen, die zumindest von ihren Anhä-
ngern als solche empfunden werden. Sie erweisen sich als relativ kurzlebig, da sie scharf um-
rissene Probleme thematisieren. Dass daraus
weltbewegenden Ideologien entstehen, ist zwar
nicht unmöglich, aber doch unwahrscheinlich.

Bringt das Aussterben der Ideologien Nachteile?

Nicht alles an der Transgenderisierung ist gut. Wie ist es mit dem Aussterben der Ideologien? Ideologien haben in der Vergangenheit Gruppen beflügelt, haben in Nationen Aufbruchsstimmung erzeugt und Erfolge hervorgebracht. Das Kollektiv zu fördern war ja ihr Zweck. Das würde heißen, dass eine Ideologie einer Nation im Vergleich zu anderen Vorteile verschaffen kann. Es gibt zahlreiche Beispiele in der Geschichte: Islam, Napoleon, Sowjetunion, Drittes Reich.

Es mag erwähnt werden, dass der Nachteil der geringeren Leistungsfähigkeit sich schon von vornherein aus der Transgenderisierung ergeben müsste, da individuelle Leistung zu den männlichen Idealen zählt, während Frauen die Zusammenarbeit vorziehen. Für die Leistung einer Gemeinschaft ist das nur bedingt förderlich, wie der als Ringelmann-Effekt bezeichnete Sachverhalt zeigt, dass Menschen in der Gruppe eine geringere Leistung erbringen als die summierten Einzelleistungen (Kravitz & Martin, 1986).

Wenn also in der weiblichen Welt Ideologien keine Rolle mehr spielen werden, könnte dies Nachteile für die betroffenen Nationen bedeuten. Das aber nur, wenn Nationen im Wettstreit stehen, was sie in der weiblichen Welt nicht mehr tun werden. Ferner ist das Aussterben der Ideologien ist eine Entwicklung der ganzen Menschheit und betrifft daher alle Nationen gleichermaßen. Selbst wenn in jener kommenden Welt Nationen noch einmal in einen Wettstreit treten würden, wäre keine im Vorteil, daher auch keine im Nachteil.

Man könnte noch argumentieren, dass mögliche Erfolge in Wissenschaft und Technik durch die Ideologiefreiheit verschenkt werden könnten, aber Erfolge sind eben in der weiblich werdenden Welt nicht mehr ausschlaggebend. Anderes wird wichtiger: Mitmenschlichkeit, Kommunikation, Gefühl. David Orr hat es so formuliert (Orr, 1994, S. 12): „Die einfache Tatsache ist, dass der Planet keine erfolgreichen Menschen mehr braucht. Aber er braucht dringend Friedensstifter, Heiler, Erneuerer, Geschichtenerzähler und Liebende aller Art."

Die Wandlung des Monotheismus

Religionen spielen eine ähnliche Rolle wie Ideologien. Auch sie erheben den Anspruch, die ganze Welt zu erklären und das ganze Leben zu regeln. Bedeutet das Aussterben der Ideologien dann auch das Ende der Religionen?

So könnte man denken, aber so ist es nicht. Die Religionen sind nämlich anpassungsfähig und werden wohl den Wandel der Menschheit mitmachen.

Die Säuglingsphase der Menschheit wurde von der Urmutter beherrscht. Sie bestimmte das ganze Leben. Als Personifizierung der Natur war sie zunächst die alleinige Gottheit. Später wurden einzelne Aspekte der Natur isoliert und verschiedenen spezialisierten Gottheiten zugeordnet. Der Polytheismus entstand.

Als die Menschheit erwachsen geworden und zum Muttersohn gereift war, entwickelte sie wie jeder Muttersohn in Ermangelung eines greifbaren Vaters eine Vatersehnsucht. Daraus entstand schließlich die Verehrung eines väterlichen Gottes.

Der Siegeszug des Monotheismus hatte begonnen.

Heute, in der weiblich werdenden Welt, wird die Männlichkeit Gottes zuweilen kritisch gesehen. Verbreitet sind Scherze wie: „Als Gott den Mann schuf, übte sie noch." (Mündliche Überlieferung)

Theologen sehen die gendermäßige Charakterisierung Gottes als Mann oft als nicht zwingend an. Gott wird als über solche Schemata erhaben empfunden. Seine anthropomorphe Beschreibung wird dann als Konstrukt der menschlichen Psyche gesehen. Diese Konstruktion könnte durchaus Gottes Wille gewesen sein. Er könnte sich den Menschen in der von ihnen ersehnten Gestalt als Vaterfigur offenbart haben. Seine Existenz (wenn von Gott überhaupt in solchen Kategorien gesprochen werden darf) ist natürlich von solchen Konstruktionen unabhängig.

Mit dem altägyptischen Aton-Kult wurde von Amenophis IV., genannt Echnaton, der erste historisch belegte Versuch gestartet, im 14.

Jahrhundert v. Chr. einen Monotheismus einzuführen. Der Versuch scheiterte. Aton wurde nicht auf Dauer akzeptiert. Er galt zwar als Schöpfergott, wurde aber als „Prinzip der Sonne" verehrt.

Die nachhaltigste Manifestation der monotheistischen Verehrung eines väterlichen Gottes dürfte der Gotteskult der jüdisch-christlichen Tradition sein. Die Bibelaufzeichnungen beginnen um 1200 v. Chr. in der Levante und im Vorderen Orient. Der Gott jener Tradition wurde als der Schöpfer der Welt gedacht und durfte seit jeher von den Menschen als „Vater" bezeichnet werden.

Die Jenseitsversprechungen

Vielen Religionen gemeinsam ist, dass sie die Menschen mit detaillierten Jenseitsversprechungen versorgen.

Eine Begleiterscheinung der weiblich werdenden Welt ist eine größere Bescheidenheit bei den Jenseitsversprechungen (Liegener, 2017c). Die gängigen Jenseitsversprechungen der entsprechenden Religionen gehören zu den großspurigen Versprechungen der männlichen Menschheit. Männer neigten schon immer dazu, mit den besten Absichten die größten Versprechungen zu machen, wobei es ihnen gleichgültig ist, ob sie sie einhalten können oder nicht.

Das uralte Menschheitsversprechen des Jenseits ist von dieser Art. Bekanntlich lässt es sich nicht durch Fakten untermauern. Das wäre für ein tröstliches Versprechen auch nicht unbedingt nötig. Absolut männlich ist jedoch, das Jenseitsversprechen in eine umfassende Theorie einzubetten und in überflüssigen Details auszuschmücken. Dazu kommen Unmengen von nicht immer verständlichen Vorschriften.

Woher wollen die Kirchen all das wissen? Nun, da gibt es natürlich das Dogma von der Unfehlbarkeit einer Verkündigung ex Cathedra.

In der weiblich werdenden Welt verzichtet man auf starre Dogmen, entwickelt stattdessen ein intuitives Gottvertrauen. Eine Jenseitsvorstellung muss nicht entworfen werden. Man vertraut einfach darauf, dass schon irgendwie alles geregelt sein wird. Pläne sind etwas für Männer. Frauen trösten sich unter Einsatz von Gefühlen.

Daher kommt es in der weiblich werdenden Welt zu einer Verschiebung von zielorientierter zu normorientierter Ethik. Verhaltensregeln werden nicht am Jenseits ausgerichtet, sondern aus gesellschaftlichen Gegebenheiten entwickelt.

Die Menschen können auch ohne religiösen Überbau im religiösen Sinn „gut" sein, wie schon John Lennon in „Imagine" geträumt hat und große Resonanz erfahren hat.

Noch allgemeiner kann man sagen, dass ein Wandel von finalem zu modalem Denken stattfindet, von der Frage „Wozu lebe ich?" zu der Frage „Wie lebe ich?".

Deduzierte Vorschriften lösen selten die Fragen im Kleinen. Das war das Problem der

Planwirtschaft. Mit den vielen kleinen Problemen fertig zu werden, ist Aufgabe der Selbstorganisation und diese wird in der weiblich werdenden Welt praktiziert.

Natürlich werden sich im Rahmen der Wissenschaft Theologen auch weiterhin mit religiösen Theoriengebäuden beschäftigen. Sie werden jedoch nicht mehr ganze Gesellschaften beeinflussen. Das wiederum werden Unterhaltungskünstler ohne Oberlehrer-Attitüde übernehmen.

Aus der neuen Einstellung zum Jenseits folgt eine neue Haltung gegenüber dem Tod. Der Mann will vor seinem Tod noch dies und jenes erledigen, Werke abschließen und sie der Nachwelt hinterlassen. Das rührt daher, dass er sich für furchtbar wichtig hält, womöglich gar für unersetzlich. Ganz anders die Frau: Sie weiß, dass sie ihr Leben so gut wie möglich gelebt hat und dass andere nach ihrem Tod ihre Aufgaben übernehmen werden. Sie geht dem Tod gelassen entgegen.

Auch hier sind atavistische Wurzeln zu erkennen. Die Frauen in den Höhlen teilten sich ihre Aufgaben, eine übernahm die Arbeiten der anderen, wenn diese schwanger wurde oder auch nur unpässlich war. Bei den Männern dagegen gab es Spezialisten bei der Jagd. Der eine war schneller, der andere stärker, einer konnte besser mit dem Speer umgehen, ein anderer mit dem Bogen. Wenn man auf der Jagd war, durfte keiner ausfallen. Man musste sich zusammenreißen und seine Aufgabe erfüllen.

Die Kirchen haben gelernt, sich dem neuen Umgang mit dem Jenseits anzupassen und sie tun es. Von unerbittlichen Kontrolleuren der Lebensweise haben sie sich zu Stätten der Begegnung und des gemeinsamen Erlebens gewandelt.

In der männlichen Welt wurde ein Sinn für das Leben konstruiert, in der weiblichen Welt wird darauf vertraut, dass es einen hat.

Männer wollen typischerweise das „Große" erreichen, Frauen sind mit dem „Kleinen" zufrieden. In der Religion ist das nicht neu. Exemplarisch steht dafür der „kleine Weg der Liebe" der heiligen Thérèse von Lisieux:

„Jesus zeigt uns, dass es die kleinsten aus Liebe vollbrachten Handlungen sind, die ihn gefangen nehmen. Käme es darauf an, große Dinge zu tun, wie wären wir zu bedauern?

Doch wie glücklich sind wir, weil Jesus sich durch die kleinsten Dinge fesseln lässt ..." (Thérèse von Lisieux, Autobiographische Schriften)

Das konsequente Wirken der Liebe im Kleinen braucht keine Anleitung. Hier entsteht eine neue Auffassung von Religion.

Der Dalai Lama sagt zu diesem neuen Weg: „Für mich stellen Liebe und Mitgefühl eine allgemeine, eine universelle Religion dar. Man braucht dafür keine Tempel und keine Kirche, ja nicht einmal unbedingt einen Glauben, wenn man einfach nur versucht, ein menschliches Wesen zu sein mit einem warmen Herzen und einem Lächeln, das genügt."

Wenn man auf einen theoretischen Überbau verzichtet, werden in Zukunft Religionskriege überflüssig. Jedem wird seine eigene, individuelle Religiosität zugestanden. Meinungsfreiheit gilt in der weiblichen Welt auch für den Glauben.

Eine weitere Transformation der Menschheit

Homosexualität im antiken Griechenland

Die Verbreitung der Demokratie als Staatsform war oben als ein Symptom der weiblich werdenden Welt identifiziert worden. Dabei wurde die Frage aufgeworfen, wie zu erklären ist, dass die Demokratie schon im antiken Griechenland entwickelt wurde und dann wieder verloren ging. Hatte schon damals eine Transgenderisierung der Menschheit stattgefunden und ist dann rückgängig gemacht worden?

Nicht ganz. Erstens war nur ein Teil der Menschheit betroffen und zweitens handelte es sich nicht um eine Transgenderisierung, sondern um eine zeitweilige Homosexualisierung. Die Kultur im antiken Griechenland war nämlich homosexuell geprägt und das hatte die Entwicklung der Demokratie begünstigt (Liegener, 2017a).

Das ist interessant, heißt es doch, dass es neben der neolithischen Revolution und der heutigen Transgenderisierung eine weitere Transformation eines Teils der Menschheit gab. So außergewöhnlich ist also eine Transformation des Kollektivs nicht.

Die Transformation in der griechischen Welt begleitete den Untergang der mykenischen Kultur und führte zur altgriechischen Kultur (Liegener, 2018).

Die Epoche der mykenischen und der klassischen griechischen Kultur fällt in die Muttersohnphase der Menschheit. Die Transformation, von der die Rede ist, wandelte den heterosexuellen Muttersohn zeitweilig in einen homosexuellen Muttersohn um. Die Homosexualität war im klassischen Griechenland nicht nur geduldet, sondern gehörte fest zu Kultur. Sie spielte in der Erziehung junger Männer eine entscheidende Rolle und prägte die kollektive Psyche.

Es gibt viele Indizien für weibliche bis homosexuelle Züge der kollektiven Psyche in der griechischen Antike. Da wäre zum Bespiel zu nennen, dass in der archaischen Kunst die Kouroi stets unbekleidet dargestellt werden, die Koren dagegen bekleidet. Offenbar hatten die fast ausnahmslos männlichen Bildhauer mehr Interesse an der männlichen Nacktheit als an der weiblichen. Der Mann stellte damals das Ideal dar, ein gesellschaftliches Phänomen, das einen Hinweis auf den Narzissmus des Muttersohnes gibt.

Auch die altgriechischen Mythen sprechen eine klare Sprache: Da gibt es die Kastration des Uranos durch Kronos (Männer schrecken vor so etwas zurück, Frauen nicht), die Unversöhnlichkeit des Apoll nach dem Wettstreit mit Marsyas, die des Achill nach dem Kampf mit Hektor (Männer zollen ihren Gegnern Respekt, ordnen sich nach einer Auseinandersetzung entsprechend in die Hierarchie ein – Frauen vernichten ihre Gegnerinnen), der Transvestitismus des Herakles und des Achill (spricht für sich), die homosexuellen Neigungen Achills, die Eroberung Trojas durch die List des Odysseus statt durch offenen Kampf (Frauen kompensieren gern physische Unterlegenheit durch List). Mit Odysseus entstand eine männliche Identifikationsfigur mit weiblichen Zügen. Nicht nur wurde er als der „Listenreiche" bezeichnet, sondern auch als der „große Dulder" wegen seiner schier unendlichen Irrfahrten bei der Heimkehr vom Trojanischen Krieg. Dulden ist eine weibliche Tugend.

Tatsächlich ist damals mit dem Amazonenmythos schon der Gedanke einer weiblich geführten Kultur entstanden.

69

Auffällig ist auch, wie sich die bei Frauen besonders ausgeprägte Fähigkeit zur sprachlichen Nuancierung im damaligen Kollektiv äußerte. In der altgriechischen Sprache findet sich ein erstaunlicher Überfluss an scheinbar pleonastischen enklitischen Partikeln, die sich oft nicht in andere Sprachen übersetzen lassen, für den damaligen Leser aber durchaus subtile Bedeutungsnuancen transportiert haben (Viti, 2015, S. 115). Die altgriechische Sprache ist die an Partikeln reichste unter den indoeuropäischen (Kieckers, 1926). Sie ist somit die „weiblichste".

Ebenso kann die die Zersplitterung in rivalisierende Stadtstaaten als Symptom einer weiblichen oder homosexuellen kollektiven Psyche angesehen werden, da Frauen dezentrale Organisationsformen bevorzugen.

Der homosexuelle Mann nimmt sich die Freiheit, bei Bedarf weibliche Verhaltensweisen zu kultivieren, zum Beispiel eben Netzwerke zu bevorzugen, wenn dies sinnvoll erscheint. Der Boden war somit für die Demokratie bereitet. Es hat sich im Griechenland der Antike mit der Demokratie eine weiblich oder eben homosexuell geprägte Gesellschaftsform entwickeln können. Wir haben also die Entwicklung der Demokratie der Homosexualität in der griechischen Antike zu verdanken.

Viele der homosexuellen Züge der kollektiven Psyche Griechenlands, einschließlich der Demokratie, verschwanden allmählich nach den peloponnesischen Kriegen, die das Ende der klassischen Epoche in Griechenland einleiteten. Die Demokratie erlebte eine Wiedergeburt in Europa erst im 17. und 18. Jahrhundert durch die Transgenderisierung der Menschheit.

Der Untergang der mykenischen Kultur

Was die archäologischen Befunde angeht, so liegt der Untergang der mykenischen Kultur bis heute weitgehend im Dunkeln. In der Zeit nach 1200 v. Chr. erlosch diese Kultur langsam, ein Verfall, der sich bis 750 v. Chr. fortsetzte. Hatte man früher die sogenannte dorische Wanderung oder den Einfall von Seevölkern für die Ereignisse verantwortlich gemacht, so neigt sich die Meinung in den letzten Jahrzehnten der Ansicht zu, dass jegliche Zuwanderung über längere Zeit in kleinen Gruppen erfolgt sein muss (Osborne, 2009). Es handelte sich also nicht um eine gewaltsame Invasion, sondern um ein allmähliches Einsickern. Dafür spricht vor allem, dass nicht alle Palastzentren der mykenischen Kultur zerstört wurden und dass kulturelle Erzeugnisse wie Keramik weiter produziert wurden, wenn auch auf einem niedrigeren Niveau. Es scheint sich eher um einen kulturellen Niedergang gehandelt zu haben, möglicherweise um einen Systemkollaps (Osborne, 2009, Cline, 2015). Eventuell ist er durch soziale Spannungen bewirkt worden (De Fidio, 2008). Dazu passt, dass es nicht nur Einwanderung von außergriechischen Populationen gegeben haben soll, sondern auch innergriechische Wanderungsbewegungen (Hall, 2007).

Der Umbruch, der mit dem Untergang der mykenischen Kultur stattgefunden hatte, lässt sich gendermäßig verfolgen: Die mykenische Kultur war noch heterosexuell-männlich geprägt. Frauen waren in ihr benachteiligt. Sie durften keine führenden Positionen bekleiden. Normalerweise besaßen sie nicht einmal eigenes Land; wenn überhaupt, dann nur in der Funktion als Priesterin im Namen einer Gottheit (Chadwick, 1979).

Die Tatsache, dass schriftliche Aufzeichnungen auf Täfelchen in Linear B nur in den Palästen zu finden waren, weist darauf hin, dass es eine gebildete Oberschicht und eine ungebildete Unterschicht gab. Hinzu kommt, dass sich die mykenische Aristokratie eigene Grabstätten leistete, sich also vom Volk abgrenzte. Ferner weisen hethitische Quellen darauf hin, dass es ein mächtiges durchorganisiertes mykenisches Reich gegeben haben muss, beherrscht von einem König. Das alles spricht dafür, dass das System stark hierarchisch organisiert war, ein

Symptom der ausgesprochen heterosexuell-männlichen kollektiven Psyche jener Zeit.

Dann kam der Wandel. Nachdem die Gesellschaftsform in mykenischer Zeit noch feudal war (Kerschensteiner, 1970), wurde sie in griechischer Zeit demokratisch. Deutlicher könnte der Wandel kaum sein.

Was war passiert?

Im dunklen Zeitalter von ca. 1200 v. Chr. bis ca. 750 v. Chr. scheint der griechische Kulturkreis relativ isoliert gewesen zu sein und es wäre möglich, dass das System der mykenischen Kultur durch innere Unruhen kollabiert war. Dabei wäre denkbar, dass Revolutionen das System in den Grundfesten erschüttert haben könnten. Das wird dadurch gestützt, dass die archäologisch feststellbaren Zerstörungen damals hauptsächlich die Paläste betroffen haben, nicht die Privathäuser. Als Katalysator für die Unruhen könnte ein heftiges Erdbeben gewirkt haben, das um 1250 v. Chr. auf dem Peloponnes und Kreta gewütet hat. Die Zerstörungen könnten so umfassend gewesen sein, dass die Versorgungslage gefährdet war und Verteilungskämpfe ausbrachen. Ferner wird von Dürreperioden in der nachfolgenden Zeit berichtet (Cline, 2015). Zu der Misere könnte ferner beigetragen haben, dass der Einfall der Seevölker zwar nicht Mykene selbst bedroht haben mag, wohl aber einige der mykenischen Handelspartner im östlichen Mittelmeer ausgeschaltet hat, wodurch Importe knapp wurden. Insgesamt verschlechterte sich die wirtschaftliche Situation. All das scheint dazu geführt zu haben, dass die zentralistischen Strukturen aufbrachen, ein Zeichen der einsetzenden Transformation.

Zunächst werden die inneren Bedrohungen dazu geführt haben, dass die Befestigungen der Palastanlagen Zeit ausgebaut wurden. Ein Zeichen der Angst der damaligen Oberschicht, das sich archäologisch feststellen lässt.

Die Reaktion der kollektiven Psyche auf die Spannungen muss man sich wohl analog zu der sich gegenwärtigen vollziehenden Reaktion auf die drohende Selbstvernichtung der Menschheit vorstellen. Dabei können zwar gewalttätige Exzesse vorgekommen sein, für die gesellschaftliche Transformation verantwortlich dürfte aber die kollektivpsychologische Abwehr der Angst gewesen sein.

Die innergriechischen Migrationsbewegungen könnten ebenfalls die Ausbildung netzwerkartiger Strukturen anstelle von Hierarchien begünstigt haben.

Es erhebt sich die Frage, warum sich die gesellschaftlichen Phasenübergänge unterscheiden. Warum kommt es in der Gegenwart zu einer Transgenderisierung, während damals eine Homosexualisierung ausreichte?

Die Antwort dürfte schwerfallen. Am ehesten bietet sich ein psychoanalytischer Ansatz an. Wenn die Transgenderisierung der Vermeidung der ödipalen Verstrickung dient, dann hängt sie von der Vaterfigur ab. In der christlich-abendländischen Kultur hatte sich im Mittelalter geradezu eine Furcht vor Gottes Übermacht entwickelt. In der mykenischen Kultur gab es diesen übermächtigen, alleinherschenden Vatergott nicht.

In der mykenischen Kultur herrschte noch Polytheismus. Es wurden ein Pantheon von vielen Göttern verehrt, die wohl zum großen Teil in die nachfolgende griechische Kultur überliefert wurden (Schofield, 2009). Es gab zwar bei diesen Göttern auch einen Göttervater – entsprechend dem griechischen Zeus (Kerschensteiner, 1970). Jedoch hatte dieser doch nicht die Stellung des heute verehrten monotheistischen Gottvaters. Zeus war ein Gott unter vielen, theoretisch wohl der mächtigste; jedoch musste er in den Mythen ständig um seine Macht kämpfen. Dieser Gott spielte auch nicht die Rolle eines Vaters der Menschheit, ja, er hatte sie nicht einmal erschaffen. Dieser Zeus konnte keinen Ödipus-Komplex der Menschheit auslösen.

Wenn also der väterliche Gott nicht so furchteinflößend war, konnte vielleicht damals die Transformation zur Homosexualität zur Besänftigung des Konkurrenten ausreichen.

Ein Weiteres kam hinzu: Zu jener von Naturkatastrophen geplagten Zeit ging es – im Gegensatz zu unserer heutigen Zeit der postmaterialistischen Werte – um existenzielle Dinge. Vermutlich herrschte Nahrungsmittelknappheit. Für den Kampf um die materielle Existenz waren die Männer zuständig (Liegener, 2017a). Die Menschheit brauchte damals noch Teile ihrer männlichen Züge. Der Kompromiss könnte die Homosexualität gewesen sein. Die männliche Leistungsfähigkeit sollte erhalten bleiben. Gerade die körperliche Kraft der Männer wurde bei kriegerischen Auseinandersetzungen gebraucht.

Wieso blieb es dann nicht bei der Homosexualität? Warum war der Wandel nicht von Dauer? Weshalb ging die Demokratie wieder verloren? Der Grund wird wohl die immer wieder scheiternde Unfähigkeit der Poleis gewesen sein, ein umfassendes Netzwerk zu bilden, die Idee der Demokratie auf das nächste Niveau zu heben. Dass heute übernationale Organisationsformen diese Aufgabe bewältigen, ist gendermäßig schwer zu begründen. Vielleicht ist es ja tatsächlich so, dass die Menschheit im Lauf der Jahrhunderte dazugelernt hat.

Transgenderisierung und Klimawandel

Der Klimawandel

Seit der industriellen Revolution ab Ende des 18. Jahrhunderts wurden fossile Brennstoffe in immer größerem Maß verfeuert. Das blieb nicht ohne Folgen. Kohlendioxid, das bei der Verbrennung entstand, reicherte sich in der Atmosphäre an und führte zu einem Treibhauseffekt. Langsam stieg die Durchschnittstemperatur weltweit an. Dies leitete einen Klimawandel ein, der unabsehbare Folgen haben dürfte, ja möglicherweise zum Ende der Menschheit führen könnte.

Dadurch, dass die Effekte stark zeitverzögert auf die Ursachen folgen, könnte es eventuell schon zu spät sein, den Wandel noch zu stoppen. Er könnte sich nämlich verselbständigen. Wenn erst einmal die Polkappen schmelzen – und der Prozess hat bereits begonnen – werden riesige Methanlager freigesetzt und das Gas wirkt als zusätzliches Treibhausgas.

Wenn es überhaupt noch eine Chance geben sollte, den Klimawandel zu stoppen, müsste sehr schnell gehandelt werden. Das Gegenteil ist jedoch der Fall: Es werden Klimakonferenzen abgehalten, auf denen viel geredet, aber wenig getan wird. De facto passiert nichts, die Temperatur steigt weiter.

Ist das das Ende der Menschheit? Das hängt letztlich davon ab, wie die Menschheit reagiert. Hierbei ist entscheidend, dass die kollektive Psyche der Menschheit sich derzeit in einem Wandel befindet, der eine Reaktion erschwert.

Die Machtlosigkeit der Menschheit

Was hat die Transgenderisierung der Menschheit mit ihrem Kampf gegen den Klimawandel zu tun? Die Antwort lautet: Die Transgenderisierung verringert die Tatkraft der Menschheit und damit ihre Fähigkeit, aktive Maßnahmen gegen den Klimawandel zu ergreifen.

Bekannt ist aus der Philosophie von Yin und Yang, dass das weibliche Prinzip die Passivität beinhaltet, das männliche die Aktivität. Das heißt, eine weiblich gewordene Menschheit wird weniger zu Aktivitäten gegen den Klimawandel neigen, als vielmehr passive Strategien zum Überleben der folgenden Katastrophen entwickeln. Sie reagiert nur auf den Klimawandel, anstatt ihn zu verhindern.

Man kann die weibliche Passivität auch anhand der evolutionär entstandenen Genderrollen verstehen: Frauen wollen erobert werden, Männer wollen jagen. Daher ergreifen Männer die Initiative, Frauen warten.

Die Menschheit als Ganzes wird durch ihre Transgenderisierung weniger tatkräftig sein als vor Beginn der Transgenderisierung. Sie wird die notwendigen großen Schritte zur Bekämpfung des Klimawandels nicht in ausreichendem Maße oder zu spät in Angriff nehmen.

Es kommt noch etwas hinzu: Den Klimawandel zu stoppen, ist eine große Aufgabe, geradezu riesig. Der Drang zur Größe ist allerdings männlich, wie man schon an den Blumensträußen abzulesen kann. Frauen freuen sich, wenn ihr Mann ihnen Blumen mitbringt, egal, ob es eine einzige Rose ist oder ein Riesenstrauß. Die Geste zählt. Männer glauben an das Prinzip der Bombastik: je mehr, desto besser. Ihre Blumensträuße fallen viel zu groß aus. Frauen dagegen kaufen kleine, geschmackvolle Blumensträuße.

Die Blumen zeigen: Männer bevorzugen Quantität, Frauen Qualität, Männer gigantische Effekte, Frauen Harmonie. In vieler Hinsicht ist die weibliche Welt die schönere, aber sie hat einen Nachteil: Sie tut sich schwerer, gigantische Effekte hervorzubringen und gerade das ist heute beim Klimawandel gefragt. Was beim Blumenkauf danebengeht, ist beim Kampf gegen den Klimawandel notwendig: die Gigantomanie der Männer! Der Holzhammer ist gefragt, nicht die Pinzette.

Nicht nur die Gigantomanie, auch die Durchsetzungskraft der Männer wird gebraucht. Diese wurde gerade in der bisherigen männlich geprägten Leistungsgesellschaft sichtbar. Man setzte auf Konkurrenzkampf und messbare Effekte. Erst jetzt, in der weiblich werdenden Welt kommt langsam das Prinzip der Kollegialität und Nachhaltigkeit zum Tragen. Experimente bestätigen, dass Männer die Konkurrenzsituation suchen, während Frauen sie scheuen (Niederle & Vesterlund, 2007). Früher regierte die rücksichtslose Durchsetzungskraft der Männer (manchmal sogar immer noch). Immer wieder wurde sie (zu Recht) kritisiert – jetzt wird sie händeringend gesucht.

Es war schon bei der Diskussion der Transgenderisierung der Menschheit zur Sprache gekommen: Männer kämpfen, Frauen laufen weg. Deshalb hat die Evolution Männer mit dem kräftigeren Körperbau und Frauen mit den längeren Beinen ausgestattet. Wenn das Weglaufen nicht möglich ist, kommt ihre größte Stärke zum Einsatz – ihre Leidensfähigkeit. Sie erdulden das, was kommt, sitzen es aus. So reagiert in Zukunft auch die weiblich werdende Menschheit bei Gefahren und so ist es auch beim Klimawandel.

Die Menschheit begegnet dem Klimawandel auf weibliche Weise: Sie kämpft nicht dagegen an, sondern stellt sich darauf ein, ihn zu erdulden.

Der Vorteil der Transgenderisierung, dass wir weniger Kriege führen müssen werden, wird unter anderem durch den Nachteil erkauft, dass wir den Klimawandel nicht stoppen können – eine Art ausgleichende Gerechtigkeit.

Man könnte auf den Gedanken kommen, dass es angesichts des drohenden Klimawandels doch ganz hilfreich sein könnte, wenn die Welt wieder männlich würde. Ähnliches hatte sich ja schon bei der neolithischen Revolution ereignet. Dazu ist jedoch zu bemerken, dass man solch eine Transgenderisierung der Menschheit nicht bewusst herbeiführen kann. Sie hat sich von selbst eingestellt und würde es wieder tun, und zwar von männlich zu weiblich, wenn dies nicht schon angefangen hätte. Der Stress der Menschheit durch den Klimawandel würde erst recht zu dieser Transgenderisierung führen. Eine Transformation weg vom heterosexuell-männlichen Schema gab es ebenfalls beim Untergang der mykenischen Kultur. Auch damals ging ein Klimawandel voraus. Die Transgenderisierung der Menschheit von männlich zu weiblich ist evolutionstechnisch nicht zu beanstanden.

Hinzu kommt, dass eine Umkehr der Transgenderisierung, selbst wenn man sie herbeiführen könnte, wiederum erst noch Jahrhunderte benötigen würde, um wirksam zu werden. Das wäre zu spät, um den Klimawandel aufzuhalten.

Ganz davon abgesehen, bringt die männliche Welt erhebliche Risiken mit sich – selbst in diesem Zusammenhang. Eine männliche Erscheinung in der Menschheitsgeschichte ist die Diktatur. Eine Weltdiktatur würde zwar vielleicht den Kohlendioxidausstoß reduzieren können, aber ein einzelner Entscheider könnte auch falsche Entscheidungen treffen, ohne kontrolliert zu werden. Allzu leicht könnten falsche Entwicklungen in Gang gesetzt werden. Die männliche Menschheit ist zwar effektiver darin, Gefahren abzuwehren, die sie als Ganzes bedrohen, dafür aber auch fehleranfälliger.

Ob allerdings später dann doch wieder eine weitere Transgenderisierung stattfinden wird, steht in den Sternen.

Die weibliche Menschheit hat ihre eigene Art, mit den Ereignissen umzugehen. Sie ist eine Muttertochter und vertraut der Natur; sie versucht, in Einklang mit der Natur zu handeln. Wäre die Menschheit schon immer weiblich gewesen, wäre es wahrscheinlich gar nicht erst zu diesen gewaltigen Kohlendioxidausstößen gekommen, die das Klima bedrohen. Auch jetzt ist die weibliche Seite bereit gegenzusteuern und würde es tun, wenn ihr nicht die Durchsetzungskraft fehlte.

Die Naturverbundenheit wird jedoch die Rettung bringen. Die Natur wird langfristig Selbstheilungskräfte mobilisieren, da in komplexen Systemen oft die Entfernung vom Gleichgewicht selbstorganisiert kompensiert wird.

In Fall des Klimawandels ist folgendes Szenario denkbar: Die Menschheit als Ganzes wird die unzähligen Katastrophen überleben. Das ist die Stärke der weiblichen Menschheit. Die Aussage gilt allerdings nur für das ganze Kollektiv. Einzelne Menschen werden in großer Zahl sterben. Insgesamt würde die Menschheit so dezimiert werden, dass Grünflächen sich wieder weiter ausbreiten können. Die Pflanzen würden das Kohlendioxid binden, der Treibhauseffekt ließe nach und das Weltklima würde sich abkühlen. Ähnliches hat sich schon einmal nach der Entdeckung Amerikas als Folge der Genozide an den Ureinwohnern ereignet (Koch, Brierly, Maslin, & Lewis, 2019).

Natürlich könnte theoretisch die Menschheit vorher schon diesen Effekt nutzen, indem sie große Flächen aufforstet. Das Gegenteil ist jedoch der Fall: Immer mehr Wälder verschwinden und selbst der Regenwald, die Lunge unseres Planeten, wird großflächig abgeholzt (Runyan & D'Odorico, 2016).

Interessant ist noch ein Zusammenhang. Der Klimawandel wird von vielen rechtspopulistischen Parteien geleugnet, darunter auch von der AfD. Das kann wohl als eine Folge des Dranges dieser Parteien nach Basisdemokratie angesehen werden, wobei insbesondere jegliche Bevormundung abgelehnt wird, so auch Einschränkungen in der Kohlendioxid-Erzeugung. Nimmt man die These, dass der Rechtspopulismus eine Folge der Transgenderisierung der kollektiven Menschheit ist, ernst (Liegener, 2017b), so ergibt sich, dass die Transgenderisierung in zweifacher Form die Bekämpfung des Klimawandels behindert: erstens durch die Neigung zur Inaktivität und zweitens durch die Leugnung des Vorgangs im Populismus.

Es erweist sich, dass immerhin die Kommunikationsstärke der Frauen im Kampf gegen den Klimawandel eingesetzt wird: Es wird endlos über den Klimawandel geredet. Daran zumindest scheitert es nicht.

Die Zukunft

Die Zukunft zeichnet sich ab und man kann sich darauf einstellen: Der Klimawandel wird kommen. Die weiblich gewordene Welt wird ihn nicht aufhalten. Das ist tragisch, da die Möglichkeit dazu tatsächlich bestanden hätte.

Das darf nun kein Grund für Fatalismus sein. Was wir tun können, müssen wir tun. Es wird nicht ausreichen, aber es wird die Katastrophe vielleicht abmildern. Wir müssen die Kohlendioxid-Emissionen weiter drosseln!

Der Klimawandel kommt, aber die Menschheit wird die Fähigkeit haben, ihn zu erdulden. Auch dies eine Eigenschaft der Frauen.

Dazu werden technische Hilfsmittel nötig sein und sie werden entwickelt werden. Schwerpunkte in Wissenschaft und Technik werden auf der Entwicklung von Maßnahmen gegen die Folgen des Klimawandels liegen.

Was wird geschehen? Als erste Folge der ansteigenden Temperatur wird zu verzeichnen sein, dass mehr Wasser verdunstet, die Luftfeuchtigkeit ansteigt, die Wolken mehr Wasser aufnehmen. Dadurch wird das Wetter extremer: Die Niederschläge werden stärker, was zu

Überschwemmungen führt; andererseits werden in den von der Hitze heimgesuchten Regionen Dürren häufiger auftreten, was zu Missernten führt. Dann werden die Polkappen abschmelzen, das Methan wird freigesetzt und den Treibhauseffekt nochmals verstärken. Der Klimawandel beginnt zu galoppieren. Der Meeresspiegel wird steigen und die Küstenstädte bedrohen, der Golfstrom wird unterbrochen. Folglich wird sich in Europa das Wetter drastisch ändern. Unwetter und Wirbelstürme werden häufiger und stärker.

Maßnahmen gegen Stürme, Überflutungen, Dürre und Hitze sind möglich und werden ergriffen werden. Trotzdem werden die Opferzahlen gigantisch sein.

Die Flucht ins Weltall wird keine Option sein. Zum einen ist die Menschheit heute technologisch noch nicht so weit, das in Angriff zu nehmen, zum anderen sind die erreichbaren Welten noch weniger bewohnbar als die vom Klimawandel heimgesuchte Erde. Wir hatten unter allen möglichen Planeten den mit Abstand für uns besten: ein Paradies, das wir selbst unbewohnbar gemacht haben werden.

Langfristig lässt sich dennoch etwas tun. Wenn wir Pläne machen, andere Himmelskörper durch Terraforming bewohnbar zu machen, sollten wir in der Lage sein, dies auch bei unserem Planeten in Angriff zu nehmen. Wiederaufforstung der Wälder, Anlage riesiger Grünflächen, Züchtung effektiveren Planktons, technologische Bindung von Kohlendioxid in Großanlagen usw. Es wird ein langer Weg werden, aber wir haben keine Wahl.

Die Menschheit reagiert langsam, zu langsam. Eine Chance wurde vertan, was Opfer kosten wird. Dennoch wird die Menschheit als Ganzes den Klimawandel überstehen.

Mehr noch: Die Erde wird sich heilen, und wenn es auf Kosten der Menschen geht! Die Natur ist mächtiger als die Menschheit und die Menschheit – ein weiblicher Zug – ist auf dem Weg, das zu begreifen.

Schluss

Die Einsicht, dass wir machtlos gegen den Klimawandel sind, dass der Kampf verloren gehen wird, kann uns helfen, uns auf die Zukunft vorzubereiten.

Die kollektivpsychologischen Gründe für unser Versagen liefern dabei Erkenntnisse über uns als Kollektiv. Mit unseren Schwächen gehen auch Stärken einher, die der Menschheit trotz allem das Überleben ermöglichen können.

Literaturverzeichnis

Albrecht, H. (2008). Der weibliche Bio-Bonus. *Die Zeit*, Ausg. 28.

Axelrod, R. (2009). *Die Evolution der Kooperation. 7. Auflage.* München: Oldenbourg.

Barclay, H. (1982). *Völker ohne Regierung: eine Anthropologie des Anarchismus.* London: Kahn and Averill.

Bardi, U. (2011). *The Limits to Growth Revisited.* Berlin / New York: Springer.

Blume, T. (abgerufen 2017). Ideologie. In *UTB-Online-Wörterbuch Philosophie.*

Bund, K. (2014). *Glück schlägt Geld. Generation Y: Was wir wirklich wollen.* Hamburg: Murmann.

Chadwick, J. (1979). *Die mykenische Welt.* Stuttgart: Reclam.

Clark, A. E. (1997). Job satisfaction and gender: Why are women so happy at work? *Labour Economics, vol.4*, S. 341-372.

Cline, E. H. (2015). *1177 v. Chr.: Der erste Untergang der Zivilisation.* Darmstadt: Konrad Theiss.

De Fidio, P. (2008). Mycenian History. In Y. Duhoux, & A. M. Davies, *A Companion to Linear B, Vol. 1* (S. 103). Leuven: Peeters Publishers.

DRV. (2015). *Rentenversicherung in Zeitreihen, 21. Auflage.* Deutsche Rentenversicherung Bund, S.110.

Freud, S. (1930). *Das Unbehagen in der Kultur.* Wien: Internationaler Psychoanalytischer Verlag.

Hall, J. (2007). *A History of the Archaic Greek World.* Oxford: Wiley.

Hoff-Ginsberg, E. (2000). Soziale Umwelt und Sprachlernen. In H. Grimm, *Sprachentwicklung. Enzyklopädie der Psychologie. C, III, 3* (S. 463-494). Göttingen: Hogrefe.

Inglehart, R. (1977). *The Silent Revolution. Changing Values and Political Styles Among Western Publics.* Princeton: Princeton University Press.

Inglehart, R. (1995). *Kultureller Umbruch. Wertewandel in der westlichen Welt.* Frankfurt: Campus.

Jung, C. G. (2011). *Die Archetypen und das kollektive Unbewusste (Gesammelte Werke 9/1).* Ostfildern: Patmos.

Kerschensteiner, J. (1970). *Die mykenische Welt in ihren schriftlichen Zeugnissen.* München: Heimeran.

Kieckers, E. (1926). *Historische Grammatik des Griechischen. Syntax.* Berlin / Leipzig: de Gruyter.

Koch, A., Brierly, C., Maslin, M. M., & Lewis, S. L. (1. March 2019). Earth System Impacts of the European Arrival and Great Dying in the Americas after 1492. *Quaternary Science Reviews 207*, S. 13-36.

Kravitz, D. A., & Martin, B. (1986). Ringelmann rediscovered: The original article. *Journal of Personality and Social Psychology, vol. 50*, S. 936-941.

Liegener, C.-M. (2015a). *Erbsünde und Erbschuld – Vom Ursprung unseres existenziellen Schuldbewusstseins.* Hamburg: tredition.

Liegener, C.-M. (2015b). *Esau und der Hass Gottes – Von der Bibel zum Esau-Effekt.* Hamburg: tredition-Verlag.

Liegener, C.-M. (2016a). *Wie wurde Jesus Gottes Sohn? Muttersöhne in der Bibel.* Essen: Die Blaue Eule.

Liegener, C.-M. (2016b). *Der Muttersohn im Mythos.* Hamburg: tredition.

Liegener, C.-M. (2017a). *Warum die Welt weiblich wird. Ein Psychogramm der Menschheit.* Leipzig: Einbuch-Verlag.

Liegener, C.-M. (2017b). *Kollektivpsychologische Ursachen des Populismus.* München: GRIN-Verlag.

Liegener, C.-M. (2017c). *Der Verlust des Jenseits.* München: GRIN-Verlag.

Liegener, C.-M. (2017d). Vorwort zur Anthologie. In C.-M. L. (Hrsg.), *Dritter Bubenreuther Literaturwettbewerb 2017.* Hamburg: tredition.

Liegener, C.-M. (2018). *Der Untergang der mykenischen Kultur.* München: Grin-Verlag.

Münkler, H. (2011). Mythischer Zauber – Die großen Erzählungen und die Politik. In O. Depenheuer, *Erzählungen vom Staat: Ideen als Grundlage von Staatlichkeit* (S. 145). Wiesbaden: VS Verlag für Sozialwissenschaften.

Niederle, M., & Vesterlund, L. (2007). Do Women Shy Away from Competition? Do Men Compete Too Much? *Quarterly Journal of Economics vol. 122*, S. 1067-1101.

Orr, D. (1994). *Earth in Mind: On Education, Environment, and the Human Prospect.* Washington: Island Press.

Osborne, R. (2009). *Greece in the Making.* London: Taylor & Francis.

Pease, A., & Pease, B. (2002). *Warum Männer lügen und Frauen immer Schuhe kaufen.* Berlin: Ullstein.

Pease, A., & Pease, B. (2004). *Die kalte Schulter und der warme Händedruck.* Berlin: Ullstein.

Peter, L. J., & Hull, R. (1972). *Das Peter-Prinzip oder die Hierarchie der Unfähigen.* Reinbeck bei Hamburg: Rowohlt.

Pilgrim, V. E. (1986). *Muttersöhne.* Düsseldorf : claassen.

Runyan, C. W., & D'Odorico, P. (2016). *Global Deforestation.* New York: Cambridge University Press.

Schofield, L. (2009). *Mykene: Geschichte und Mythos.* Mainz: Zabern.

Schwarz, G. (2007). *Die "Heilige Ordnung" der Männer: Hierarchie, Gruppendynamik und die neue Rolle der Frauen, 5.Auflage.* Wiesbaden: VS Verlag für Sozialwissenschaften.

Smolla, G. (1960). *Neolithische Kulturerscheinungen*. Bonn: Habelt.

Viti, C. (2015). *Variation und Wandel in der Syntax der alten indogermanischen Sprachen*. Tübingen: Narr Francke Attempto Verlag.